JN379626

Theme Great Man

글쓴이 송명호
한국아동문학학회 회장, 한국문인협회 상임이사, 국제펜 한국본부 이사를 역임했습니다. 제1회 문공부 1월 예술상, 제1회 소년한국문학상, 소천아동문학상 등을 받았습니다. 작품으로는 〈전쟁과 소년〉, 〈명견들의 행진〉, 〈올림픽 비둘기〉, 〈다섯 계절의 노래〉 등이 있습니다.

그린이 유동이
일본에서 태어났으며, 무사시노 미술대학에서 그림을 공부했습니다. 제1회 후타바샤의 신인상을 받았습니다. 작품으로는 〈플랜더스의 개〉, 〈명견 래시〉, 〈마더 테레사〉, 〈셜록 홈스〉 등이 있습니다.

펴낸이 김준석 **펴낸곳** 교연미디어 **편집 책임** 이영규 **리라이팅** 이주혜 **디자인** 이유나 **출판등록** 제2022-000080호 **발행일** 2023년 2월 15일
주소 서울시 관악구 법원단지 16길 18 B동 304호(신림동) **전화** 010-2002-1570 **팩스** 050-4079-1570 **이메일** gyoyeonmedia@naver.com

*이 책에 실린 글과 그림의 무단 복제 및 전재를 금합니다.

【나라와 민족 사랑에 몸 바친 위인들】

이순신
-거북선 이야기-

송명호 글 | 유동이 그림

대한민국

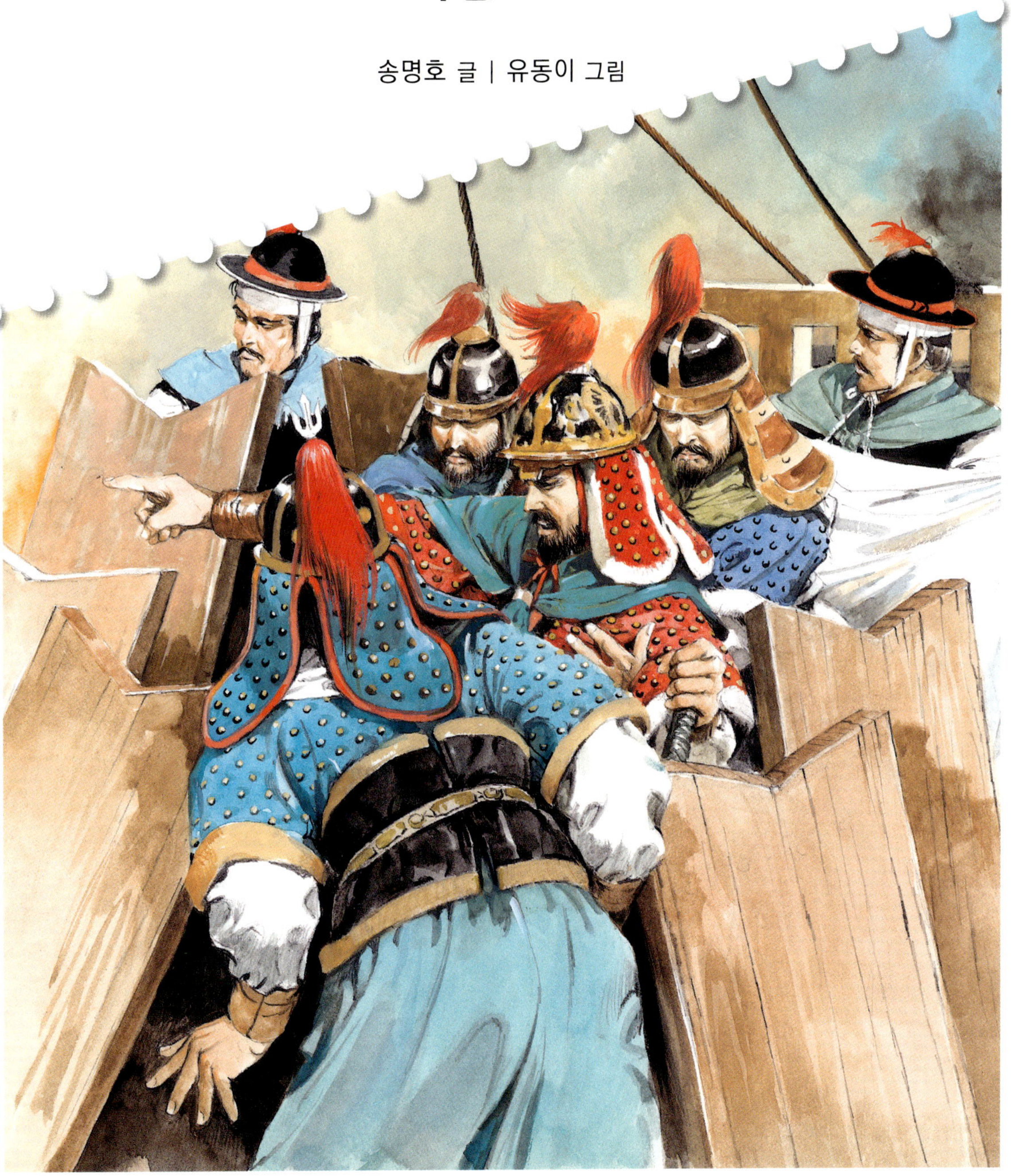

교연미디어
GYOYEON MEDIA

어느 날, 동네 아이들이 전쟁놀이를 하고 있었어요.
그때, 어떤 관리의 *행차가 그 앞을 지나가려고 했지요.
"이놈들, 당장 비켜서거라!"
그러자 한 소년이 앞으로 나섰어요.
"우리는 지금 적을 기다리고 있는 중이니
길을 비켜드릴 수 없습니다."
"허, 그놈 참 *당돌하구나. 이름이 무엇이냐?"
"저는 이 아이들의 대장인
이순신이라 합니다."
"앞으로 큰 인물이 되겠구나.
여봐라, 다른 길로 가도록 하자."
관리는 흐뭇한 미소를
지으며 뒤돌아섰답니다.

*행차는 웃어른이 길을 가는 것을 높여 이르는 말이에요.
*당돌하다는 꺼리거나 어려워함이 없이 씩씩하다는 뜻이에요.

어느덧 어른이 된 이순신은
*무과 시험을 보게 되었어요.
말을 타고 시험을 볼 때였어요.
"이히힝~"
갑자기 말이 넘어지자 이순신도
땅바닥으로 '쿵!' 떨어지고 말았어요.

이순신은 다친 다리에 나뭇가지를 댄 뒤
옷자락을 찢어 묶고는 다시 말을 타고 달리기 시작했어요.
"오호, 대단한 젊은이로군!"
그 모습을 본 사람들은 모두 감탄했어요.
그러나 이순신은 결국 시험에 떨어지고 말았답니다.

*무과 시험은 옛날, 군사에 관한 일을 보던 관리를 뽑기 위해 치르던 시험이에요.

몇 년 뒤, 이순신은 무과 시험에 합격하여
우리나라의 북쪽 땅을 지키는 벼슬을 받았어요.
이순신은 군사들에게 녹슨 무기를 반짝반짝 닦게 하고,
허물어진 성벽도 차곡차곡 쌓게 했어요.
"이게 뭐람. 해도해도 일이 끝이 없잖아."
군사들은 투덜거리며 불평을 늘어놓았지만
이순신이 앞장서서 일하자 열심히 따르게 되었답니다.

이순신은 옳지 못한 일은 그냥 보아 넘기지 않았어요.
이순신이 *한성에서 일을 하고 있을 때였어요.
"내 친구의 *벼슬을 좀 올려주게."
서익이라는 사람이 이순신에게 부탁했어요.
"그럴 수는 없습니다."
이순신이 한마디로 거절하자
서익은 불같이 화를 냈어요.
"감히 내 부탁을 거절하다니!"
"저는 법과 규칙을
지키려는 것뿐입니다."
이순신은 조금도
물러서지 않았답니다.

*한성은 지금의 서울이에요.
*벼슬은 나랏일을 맡아 다스리는 자리나
 그 일을 이르던 말이에요.

이순신이 남쪽 바다를 지키고 있을 때에는
전라좌수사를 맡고 있던 성박의 부하들이 찾아왔어요.

"좌수사 나리께서 *거문고를 만드신다고
관사 앞에 있는 오동나무를 베어 오라고 하셨습니다."
"저 오동나무는 나라의 재산이니 함부로 베어 쓸 수 없네."
이순신은 단칼에 거절했답니다.

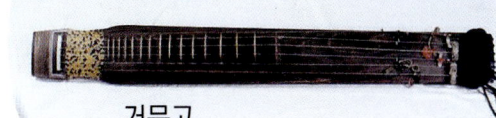

거문고
거문고는 나무 통에 여섯 개의 줄을 매어 만든, 우리나라의 대표적인 현악기예요.

이렇듯 *강직한 성품 탓에 이순신은 힘든 일을 겪기도 했어요.
서익이 이순신을 헐뜯는 엉터리 보고서를 올린 거예요.
"이순신은 무기 관리를 소홀히 하며,
군사들의 훈련도 제대로 시키지 않고 있습니다."
*모함을 받은 이순신은 벼슬에서 쫓겨났지만
그 누구도 원망하거나 탓하지 않았어요.
얼마 후, 다시 벼슬을 받아 북쪽 지방으로 간 이순신은
나랏일을 하느라 집안일을 살피지 못했어요.
"아버님, 이 *불효 자식을 용서하십시오. 흑흑흑."
아버지가 돌아가셨다는 소식을 듣고서야 고향에 내려간
이순신은 슬픔의 눈물을 흘렸답니다.

*강직하다는 꿋꿋하고 곧다는 뜻이에요.
*모함은 나쁜 꾀를 써서 남을 어려움에 빠뜨리는 것이에요.
*불효는 부모를 잘 섬기지 아니하여 자식된 도리를 하지 못하는 거예요.

한편, 당시 두만강 근처에 살고 있던 여진족은
틈만 나면 우리 땅으로 들어와 곡식을 빼앗아 갔어요.
"한 놈도 놓치지 말고 모두 물리쳐라!"
이순신은 앞장서서 여진족과 싸웠어요.
"이크! 빨리 도망치자!"
겁을 먹은 여진족은 꽁지 빠지게 달아났지요.

*백의종군은 벼슬이나 직위 없이 군대를 따라 싸움터로 나가는 것을 뜻해요.
*복귀는 원래 있던 자리나 상태로 되돌아가는 거예요.

하지만 이순신은 모함을 당해
*백의종군이라는 벌을 받게 되었어요.
그리고 다음 해, 여진족의 추장을 잡는 등
큰 공을 세워 *복귀하였답니다.

그 무렵 우리나라에는 왜적들도 자주 나타나곤 했어요.

"머지않아 *왜에서 전쟁을
일으킬 것이니 대비를 해야 합니다."
"아닙니다. 왜는 전쟁을
일으킬 만한 능력이 없습니다."
신하들은 두 편으로 나뉘어
싸우기 시작했어요.

임금님은 류성룡의 추천을 받아
이순신을 전라*좌수사에 임명했어요.
"내가 이곳에 있는 한, 반드시 왜군을 막아 내리라."
이순신은 바다 앞에 서서 굳게 마음먹었어요.
그러고는 왜군을 상대할 거북선을 만들었답니다.

*왜는 옛날에 일본을 부르던 이름이에요.

수군의 기지로 사용되었던 진남관
좌수사는 조선 시대, 좌수영(전라도와 경상도에 설치한 수군의 주요 진지)에 두었던 사령관이에요.

1592년, 드디어 임진왜란이 일어났어요.
왜군이 우리나라로 쳐들어온 거예요.
이순신은 거북선을 내세워 왜군을 물리쳤어요.
거북선은 *판옥선의 윗부분에
수백 개의 송곳을 박아 놓은,
뱃머리는 용의 머리요
몸통은 거북처럼 생긴 배였어요.

"쾅! 쾅!"
거북선의 화포가 터질 때마다
왜군의 배는 바닷속으로 가라앉았답니다.

*판옥선은 널빤지로 지붕을 덮은 전투선이에요.

얼마 후, 왜군이 또다시 쳐들어왔어요.
이순신은 왜군을 한산도 앞바다로 *유인했어요.
그러고는 학익진을 이용하여 왜군의 배를 쳐부수었답니다.
학익진은 학이 날개를 편 듯한 모양으로 치는 진을 말해요.
거북선이 맨 앞에 서고 판옥선들은 그 뒤를 따르다가
학의 날개 모양으로 펼쳐져 공격하는 것이었지요.

경남 통영의 한산도대첩 기념비
'학익진'이라는 작전으로 큰 승리를 거둔 한산도대첩은 행주대첩, 진주대첩과 함께 임진왜란의 3대 대첩으로 꼽힌답니다.

"이순신이 거북선을 이끌고 나타났다. 모두 피해라!"
허둥지둥 도망치던 왜군들의 배는 불에 타거나 물속으로 가라앉았어요.
"와아! 우리가 이겼다. 거북선 만세! 이순신 장군 만세!"
이날의 전투를 '한산도대첩'이라고 해요.
공을 인정받은 이순신은 삼도수군통제사가 되었답니다.

*유인하다는 꾀어서 이끄는 것이에요.

한편, 왜군은 이순신을 싸움에
끌어들여 죽이려고 했어요.
적의 *속셈을 알아차린 이순신은
섣불리 나서지 않았지요.
"이순신은 적을 물리칠 좋은 기회를
놓쳤으니, 벌을 내리셔야 합니다."
원균의 모함을 받은 이순신은
또다시 백의종군의 길에 올랐어요.
이순신이 없는 우리나라의 바다는
왜군의 침략으로 엉망이 되었지요.
그러자 임금님은 급히 이순신을 불러들였고,
이순신은 명량(울돌목)으로 향했어요.
"*필사즉생, 필생즉사(必死則生, 必生則死)!
죽기를 각오하고 나라를 지키자!"
'명량대첩'이라 불리는 이 전투에서 이순신은
12척의 배로 왜적의 배 130여 척을 무찔렀답니다.

*속셈은 마음속으로 하는 생각이나 계획이에요.
*필사즉생, 필생즉사(必死則生, 必生則死)는 '죽고자 하면 살 것이고, 살고자 하면 죽으리라'는 뜻이에요.

울돌목을 바라보고 있는 이순신 장군의 동상
1597년, 이순신은 '울돌목'이라고 불리는 전라남도 진도와 육지 사이의 명량해협에서 왜군을 맞아 큰 승리를 거두었어요.

이순신에게 크게 패한 왜군은 자신의 나라로 도망가려고 했어요.
이순신은 이들을 잡기 위해 노량 앞바다로 갔지요.
"한 놈도 살려 보내지 마라!"
마지막까지 왜군의 배를 쫓던 이순신은 그만 총을 맞고 말았어요.
"전투가 끝날 때까지 내가 죽었다는 말을 하지 마라."
이순신은 이와 같은 말을 남긴 채 조용히 눈을 감았어요.
얼마 후, 하늘을 찌를 듯한 소리가 울려 퍼졌어요.
"왜적이 모두 물러갔다! 이순신 장군 만세!"
승리를 거둔 후에야 이순신의 죽음을 알게 된 군사들은
죽음 앞에서도 나라를 먼저 생각했던
그를 생각하며 조용히 눈물을 흘렸어요.
이후 나라에서는 이순신에게 '충성된 무관'이라는 뜻의
'충무(忠武)'라는 *시호를 내렸답니다.

*시호는 뛰어난 업적을 남기고 죽은 사람에게 임금이 내리던 이름이에요.

경남 노량리의 앞바다
1598년, 노량 앞바다에서 이순신은 왜군과의 마지막 전투를 벌였어요. 이 해전에서 조선 수군은 큰 승리를 거두었지만, 이순신은 죽음을 맞이하고 말았어요. 노량대첩은 한산도대첩, 명량대첩과 함께 이순신의 3대 대첩으로 꼽힌답니다.

이순신 따라잡기

1545년	한성(지금의 서울)의 건청동에서 태어났어요.
1572년	무과 시험에 응시하였지만, 말에서 떨어지는 바람에 불합격하였어요.
1576년	무과 시험에 합격하여 벼슬길에 올랐어요.
1582년	서익의 모함으로 벼슬 자리에서 쫓겨났지만, 곧 복귀하였어요.
1587년	함경도에서 근무할 때, 여진족을 물리쳤어요. 하지만 이일의 거짓 보고로 인해 백의종군의 벌을 받았어요.
1591년	전라좌수사가 되어 전라좌수영(지금의 여수)에 부임했어요. 왜적이 쳐들어올 것을 예상하고 거북선을 만들었어요.
1592년	임진왜란이 일어났어요. 옥포해전, 사천해전, 한산도대첩 등 바다를 누비며 왜군을 물리쳤어요.
1593년	삼도수군통제사로 임명되었어요.
1597년	왜적이 또다시 쳐들어온 정유재란이 일어났어요. 원균의 모함을 받아 권율 장군 밑에서 백의종군의 벌을 받았어요. 칠천량 전투에서 원균이 죽자, 삼도수군통제사로 다시 임명되었어요. 명량(울돌목)에서 명량대첩을 이끌어 승리하였어요.
1598년	후퇴하는 왜군들을 쫓아 노량 앞바다에서 전투를 벌이던 중, 적이 쏜 탄환을 맞고 세상을 떠났어요.

이순신 # 연관검색

김시민의 진주대첩과 진주의 의기, 논개

논개가 몸을 던진 남강 근처에 세워진 촉석루
김시민 장군의 동상

1592년, 진주 목사 김시민은 군사들을 이끌고 왜군을 물리쳤어요. 1593년, 왜군은 다시 진주를 공격했어요. 결국 진주성은 함락되었고, 이때 기생 논개는 적장과 함께 남강에 빠져 죽었답니다.

한산도대첩, 진주대첩과 함께 임진왜란의 3대 대첩으로 꼽히는 행주대첩

행주산성에 있는 행주대첩비

행주대첩은 1593년, 행주산성에서 벌어진 전투예요. 권율은 백성들과 함께 왜적을 맞아 승리를 거두었어요. 무기가 떨어지자 재를 뿌리거나, 특히 여자들은 치마를 이용하여 돌을 옮겨와 던지며 싸웠다고 해요.

이순신의 든든한 지원자, 서애 류성룡

경상북도 안동시 하회마을의 충효당

류성룡은 임진왜란이 일어났을 때 이순신, 권율 같은 장군들을 믿고 지지해 주었어요. 그 결과 나라를 지킬 수 있었지요. 이후 류성룡은 전쟁의 모습과 그에 대한 반성, 앞으로의 대비책 등을 적은 《징비록》을 펴냈답니다.

이순신이 남긴 빛나는 유물, 거북선과 난중일기

임진왜란 중에 작성된 『난중일기』
전쟁기념관에 전시된 거북선 모형

'거북선'이라 불리는 귀선(龜船)은 임진왜란 때 활약했던 거북 모양의 전투선이에요. 판옥선의 상체 부분에 송곳 등을 꽂아 만들었지요. 《난중일기》는 이순신이 임진왜란 중에 작성한 일지로, 2013년 유네스코 세계기록유산에 등재되었답니다.

PHOTO ALBUM

경남 통영 한산도 충무사에 있는 이순신의 영정

충무공 이순신을 기리기 위해 충남 아산에 세워진 현충사

충남 아산 현충사에 있는 이순신의 영정

충남 아산 현충사 내 이순신의 옛집

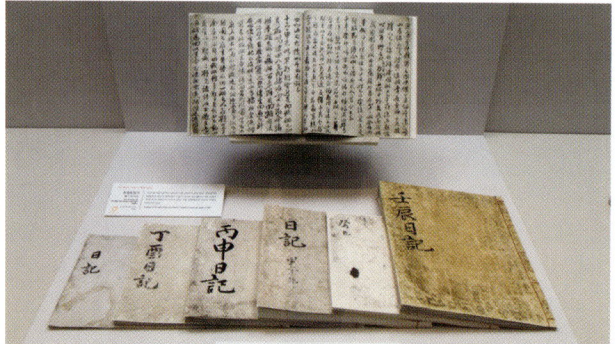

충남 아산 충무공 이순신 기념관에 있는 《난중일기》의 초고본

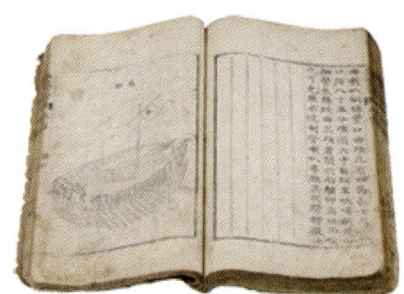

거북선이 그려진 책

이순신 사진첩

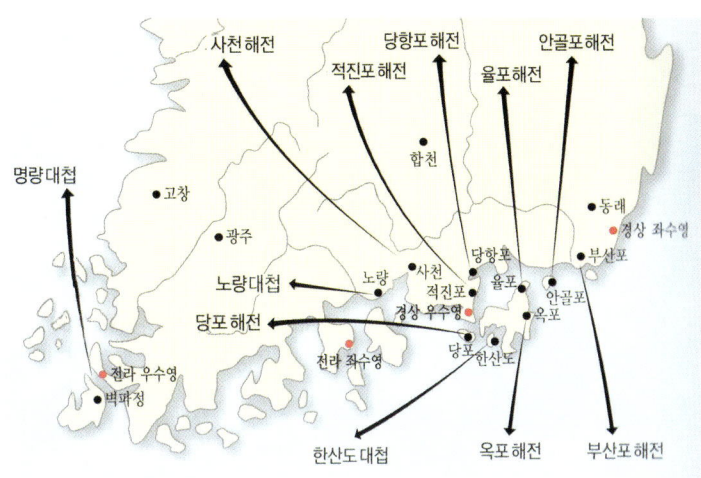

이순신이 왜군을 맞아 전투를 벌인 곳을 나타낸 지도

노량대첩, 즉 임진왜란의 마지막 전투지 관음포에 세워진 이락사

충무공 이순신 기념관의 내부

전남 해남 충무사에 세워진 명량대첩비

전남 여수에 세워진 이순신의 동상과 거북선

충남 아산에 있는 이순신의 묘